Here,
there and
everywhere

Todo acerca de The Beatles

Here, there and everywhere. Todo acerca de The Beatles.
© Gustavo Vázquez Lozano, 2011

D. R. © Editorial Lectorum, S. A. de C. V.
Batalla de Casa Blanca Manzana 147 Lote 1621
Col. Leyes de Reforma, 3a. Sección
C. P. 09310, México, D. F.
Tel. 55 81 32 02
www.lectorum.com.mx

Bajo acuerdo con:

© Editorial Otras Inquisiciones, S. A. de C. V.
Pitágoras 736, 1er. piso
Col. Del Valle
C. P. 03100, México, D. F.
Tel. 54 48 04 30
www.editorialotrasinquisiciones.com

Primera edición: junio de 2011

ISBN: 978-607-457-175-2

Impreso y encuadernado en México.
Printed and bound in Mexico.

Here, there and everywhere

Todo acerca de The Beatles

Gustavo Vázquez Lozano

Editorial
OTRAS INQUISICIONES

COLECCIÓN
TRIVIUM

No fueron las siete artes liberales estudiadas en la Antigüedad y la Edad Media, compuestas por el Trivium —gramática, retórica y dialéctica o lógica— y el Quadrivium —astronomía, aritmética, geometría y música—, las que nos inspiraron para crear la presente colección. Se trató, más bien, de lo que la palabra *trivium* comprende en su primer y auténtico sentido —que proviene del latín—: *tri:* 'tres, triple' y *vía:* 'camino', «confluencia de tres caminos». Para nosotros significa el exacto cruce de caminos donde se encuentran, irremediablemente, todas las cosas: lo profundo con lo superfluo, lo cotidiano, lo inesperado, lo trivial…

Dicen que todo en este mundo tiene un lado profundo, culto, educativo… y otro superficial, banal, insignificante y por completo trivial. Para algunos, hay que combatir el segundo y estimular el primero, porque es éste el que da cuenta de las cosas trascendentes de la vida. Sin embargo, en nuestro sello editorial creemos que en realidad ambos no son tan diferentes. Nos consta que muchas de las cosas que sabemos empezaron con una pregunta sin chiste, ociosa, cuya respuesta nos dejó sorprendidos, divertidos, con ganas de saber más —de conocerlo todo—, a tal grado que ya no pudimos parar de investigar. Tal vez sea por eso que los datos inútiles son tan adictivos, porque al final son una puerta de entrada a los tópicos más disímiles o en apariencia aburridos. Por ello, y porque nos obsesionan las curiosidades, los datos inútiles, las citas, el pensamiento ingenioso, las canciones, el humor, los fragmentos... es que nos propusimos crear la Colección Trivium.

En ella se dan cita las grandes historias a partir de las nimiedades; todo lo que *no* quería saber sobre cualquier cosa que se le ocurra, pero cuando supo, lo hizo carcajearse, apasionarse o asombrarse. Todo lo que no imaginaba sobre sus temas favoritos se abordará en esta colección. Bienvenido a este espacio dedicado a lo que muchas personas platican, pero pocos publican.

Los editores

Presentación

«*The Beatles existirán sin nosotros.*»

George Harrison

En 2006, el famoso Cirque du Soleil integró la música de The Beatles a uno de sus espectáculos; en 2009, un videojuego con guitarras la reveló a hordas de niños, que la aceptaron encantados; y para los juegos olímpicos de 2012, en Inglaterra, se espera la reedición de una de sus películas más icónicas: *Yellow Submarine* (1968). ¿Así o más actuales?

Y es que a pesar de que han pasado ya más de 40 años desde su disolución, cada año salen nuevos libros sobre la banda, se reeditan sus discos —que, según algunas fuentes, suman alrededor de mil millones de copias vendidas,

proeza a la que ningún otro músico se acerca—
y su material invade a las nuevas generaciones
sin asomo de avejentarse.

Cine, circo, videojuegos, música, literatura,
diseño gráfico y moda con huellas Beatle, más
la adoración de millones de personas, son
señales inequívocas de que este grupo hizo algo
extraordinario en los escasos ocho años —entre
1962 y 1970— en que estuvo activo.

Ante este panorama, parecería que no
quedan acercamientos posibles a la vida y obra
de los «Fab Four». Sin embargo, los hay, y el lector
tiene en sus manos, con la publicación de *Here,
there and everywhere. Todo sobre The Beatles*,
una versión cercana, juguetona, retadora y llena
de trivias, datos curiosos, citas, sorprendentes

declaraciones, mitos y verdades, rumores, chismes y canciones alrededor del cuarteto de Liverpool, plasmados de manera amena, sencilla y llena de humor.

John Winston Lennon, James Paul McCartney, George Harrison y Richard Starkey —Ringo Starr— pudieron ser sólo un grupo con la formación prototípica de cualquier banda de rock —dos guitarras, un bajo y una batería—. Sin embargo, desde muy temprano comenzaron a barrer las ondas sónicas de las radios, primero de Inglaterra, luego de Europa y de los EE. UU., con una música impetuosa que despertó a los adolescentes del letargo de las baladas melosas e inofensivas que inauguraron los años 60. Y, al final, terminaron abriendo interminables caminos de creación. Por ello, la fascinación que generaron a lo largo y ancho del mundo.

Hijos y, a la vez, líderes de la contracultura de los años 60, la suya es una historia que no puede ser bien contada sin recordar la turbulencia y la sensación de renovación que se percibía en aquellos años. Esta década, con sus poetas *beat,* los movimientos de liberación de los negros, los *hippies* y su regreso a la naturaleza, fue una especie de despertar para el mundo occidental, y una reacción tras el largo declive espiritual que se produjo a raíz del pensamiento científico y las llamadas «sociedades industriales».

A esa realidad, The Beatles enfrentaron, como un espejo, la palabra *amor,* que no aparece de forma gratuita 742 veces en su discografía, misma que, gracias a los CD, USB, DVD y demás artificios, podemos seguir escuchando y compartiendo con las nuevas generaciones que seguramente también sucumbirán a la beatlemanía, si bien a una más contemplativa. Con su enorme instinto para combinar lo que funcionaba con lo que trascendía, The Beatles decidieron terminar la penúltima canción de su último disco con lo que era ya una pieza de sabiduría de antigüedad incalculable. Expresada a su modo, reza que, «al final, el amor que recibes es igual al amor que otorgas». Doctrina Beatle para un libro estimulante intelectualmente, por completo Beatle, por completo apasionante.

Gustavo Vázquez Lozano

Durante los años que estuvieron juntos —de 1962 a 1970—, John, Paul, George y Ringo publicaron sólo

diez horas y media de música.

En los estudios de Abbey Road, en Londres, hay más de 400 horas de grabaciones con muchos palomazos, versiones alternativas, bromas y algunas canciones que nunca dieron a conocer comercialmente.

A los 15 años, Paul McCartney no aprobó una audición para formar parte del coro de la Catedral Anglicana de Liverpool. Pero en 1991 estrenó en ese mismo lugar su primer disco de música clásica, *Liverpool Oratorio*.

«La guitarra está bien, pero nunca vas a vivir de ella.»

La tía Mimi a John Lennon

Al principio eran cinco.
En la primera presentación de

The Beatles,

ya con ese nombre, la banda
estaba formada por John Lennon,
Paul McCartney, George Harrison,
Stuart Sutcliffe y Pete Best.
Para algunos, fue la mejor
época del grupo.

«There's a place
where I can go
when I feel low,
when I feel blue,
and it's my mind.»*

«There's a Place» (1963)

---

*«Hay un lugar / a donde puedo ir / cuando me siento desganado, / cuando me siento triste, / y es mi mente.»

Siete «instrumentos» inesperados en la discografía Beatle... antes de la era de los sintetizadores

1. Ringo golpea una caja de cartón en «Words of Love».

2. Una botella de vino vibra sobre el amplificador de Paul al final de «Long Long Long».

3. En «Lovely Rita», tres Beatles soplan a través de un peine cubierto con papel de baño para hacer los chirridos antes del coro.

4. En «Yellow Submarine», Brian Jones golpea varios recipientes de vidrio y Lennon sopla por un popote sumergido en una tina.

5. Al final de «I Am the Walrus» se puede escuchar una transmisión radiofónica de la BBC: *El Rey Lear*, de William Shakespeare.

6. Paul hace con la voz el sonido del bajo en «I Will».

7. El sonido de «gaviotas» en «Tomorrow Never Knows» es producido por cintas corriendo a toda velocidad en sentido inverso.

«Cuando tenía doce años solía meditar:
"o soy un genio o estoy loco, ¿qué soy?".
Algunos maestros me animaban a dibujar
o a pintar, a expresarme. Pero la mayor
parte del tiempo se la pasaban queriendo
convertirme a golpes en un maldito
dentista o maestro.»

John Lennon

Antes de llamarse The Beatles, el grupo tuvo otros nombres:

The Quarry Men, Johnny and the Moondogs, Beatals, The Nerk Twins —unicamente John y Paul, durante una breve disolución del grupo—, The Silver Beats, The Silver Beetles, Long John and the Silver Beatles, The Beat Brothers.

Durante algunas semanas,
el nombre del grupo fue

The Beatals.

Los nombres «artísticos» de sus integrantes
eran Paul Ramon, Carl Harrison, Stuart de
Stael y John Lennon. Su primer logotipo, que
usaron solamente unos meses, tenía antenitas
de escarabajo sobre la *B* de *Beatles.**

---

* Beetle, escarabajo en inglés / *Beat*, sonido percusivo —en español, *golpe* o *golpear*.

«[El nombre del grupo] me vino en una visión. Apareció un hombre sobre un pastel en llamas y dijo: "A partir de este día se llamarán Beatles, con A".»

John Lennon

En el punto más bajo de su carrera, en 1960,
el grupo aceptó tocar para una bailarina
llamada Janice, que se desnudaba
al ritmo de la música. Al principio
se negaron, pero cuando les ofrecieron

diez chelines
por cabeza

decidieron complacer al público,
formado por marinos alcoholizados.

John Lennon y Paul McCartney
obtuvieron su corte de pelo

«a la Beatle»

—sobre la frente— en unas vacaciones
en París, a finales de 1961. El baterista
Pete Best, el más popular con las chicas,
jamás lo usó así porque su pelo
era muy ondulado.

«The Beatles no van a funcionar, señor Epstein. Nosotros sabemos de estas cosas. Usted tiene una tienda de discos en Liverpool, ¿por qué no se dedica a ella? Los grupos de guitarras ya pasaron de moda.»

Dick Rowe, de la compañía de discos DECCA, a Brian Epstein, *manager* del grupo, cuando los rechazó para un contrato de grabación.

Antes de conseguir un contrato de grabación con Parlophone —EMI—, un sello que se dedicaba a producir álbumes de comedias,

The Beatles fueron rechazados por tres compañías disqueras:

DECCA, Pye y Oriole. Un año más tarde, DECCA, temiendo repetir su monumental error, contrató a The Rolling Stones.

En sus primeros días,
The Beatles grabaron una
versión rock de la canción
«Bésame mucho»,
de la jalisciense Consuelo Velázquez,
que ya había sido traducida a varios
idiomas e interpretada por diferentes
artistas. The Beatles usaron la
versión en inglés de Sunny Skylar.

La primera grabación profesional del grupo se hizo en Alemania, para acompañar a un cantante llamado **Tony Sheridan.** La compañía se rehusó a poner *Beatles* en el disco porque en alemán sonaba muy similar a *peedles* —pene—. En su lugar, los identificó como The Beat Brothers.

En sus inicios, los integrantes de The Beatles también eran comediantes. En el *Show de Navidad de The Beatles* —en el teatro Astoria, de Londres— debían usar disfraces y recitar diálogos cómicos que el público disfrutaba enormemente. En sus primeros films —*A Hard Day's Night* y *Help!*— hicieron buen uso de sus cualidades histriónicas.

Canciones de Lennon - McCartney grabadas por otros artistas y nunca oficialmente por The Beatles:

«Tip of My Tongue», «Good-bye», «Come and Get It», «One and One Is Two», «From a Window», «Nobody I Know», «Like Dreamers Do», «I'll Keep You Satisfied», «Woman», «I'm in Love», «Hello, Little Girl», «It's for You», «Step Inside Love», «World Without Love», «Bad to Me», «I Don't Want to See You Again», «Catcall», «Penina» —estas dos últimas de McCartney.

« La virtud del repertorio de The Beatles es que, según parece, lo escriben ellos mismos; tres de los cuatro son compositores, instrumentalistas versátiles y, cuando toman prestada una canción de otro repertorio, su tratamiento es idiosincrático. Uno no puede sino preguntarse con interés qué producirán The Beatles en el futuro, en especial Lennon y McCartney. Ellos han dado un sabor distintivo y eufórico a un género musical que estaba en peligro de dejar de ser considerado como música. »

William Mann, *The Times* de Londres, diciembre de 1963

«**S**e llaman The Beatles y el sonido de su música es uno de los ruidos más persistentes que se han oído en Inglaterra desde que callaron las sirenas antiaéreas. La "música Beatle" es de tonos altos, ruidosa más allá de la comprensión y narcotizantemente repetitiva. Como con el *rock'n'roll*, música con la cual está estrechamente relacionada, es más efectiva verla que escucharla. Se contonean, brincan, dan vueltas. "No giran como Elvis", dice una jovencita. "Mueven el pie y tiemblan y, ay mamita, hacen que te sientas eufórica".»

Newsweek, 18 de noviembre de 1963

«It's not like me to pretend,
but I'll get you,
I'll get you in the end.»*

«I'll Get You» (1964)

---

*«No es mi estilo presumir, / pero al final te voy a conseguir.»

Beatlemanía

fue un término inventado en 1963 por el *Daily Mirror*, refiriéndose a las adolescentes gritando a todo pulmón, desmayándose y cayendo en paroxismos de euforia al ver al cuarteto de Liverpool.

Cuando la beatlemanía alcanzó su punto más alto, en 1964, algunos empresarios vendían pedazos de las sábanas donde The Beatles habían dormido, mechones de su cabello, el agua donde se habían bañado e, incluso, latas con

«aliento Beatle».

«Estábamos tocando en un pequeño club en Richmond y los vi frente a mis ojos. Ahí estaban, los **"Fab Four".** El monstruo de cuatro cabezas. En ese tiempo iban juntos a todos lados. Y traían las chamarras de cuero negro más bonitas. Yo pensé: "Si tengo que ponerme a escribir canciones para tener una de ésas, las escribo".**»**

Mick Jagger

42

«Para nuestro último número, me gustaría pedirles su ayuda. ¿Puede la gente de los asientos más baratos aplaudir? El resto, si quiere, puede hacer sonar sus joyas.»

John Lennon, en una actuación ante la Reina de Inglaterra en 1963

Los promotores de conciertos los enfrentaban y la prensa los convirtió en acérrimos enemigos, pero The Beatles y The Rolling Stones eran buenos amigos. Incluso grabaron juntos una canción —«We Love You»—, aunque el resultado dejó mucho que desear.

La lista del súper...
¡a la Beatle!

Durante la etapa más aguda de la beatlemanía, era posible ir al supermercado y encontrar una variedad de mercancías que rayaba en lo absurdo. Esto es lo que podía conseguirse a mediados de la década de los 60:

Pelucas Beatle, chicles, cabello Beatle auténtico —o eso decían—, libros para iluminar, *shampoo* Beatles —para ese *look* de mechudo—, vestido con estampados de Ringo, medias Beatle, talco, cepillos para los zapatos, juegos de mesa, muñecos inflables —tamaño natural—, gomitas, chocolate en polvo, cerillos, agua en la que se bañó un Beatle —en serio—, toallas de los «Fab Four», sábanas, cortinas, jabón Beatles, lámparas de mesa, fijador para el cabello, ganchos para ropa, perfume, cuerdas para guitarra, papel tapiz —decore sus paredes con las caras de los *mop tops*—, vajillas...

El arreglo capilar de The Beatles, entre 1962 y 1964, fue el rasgo más comentado por los medios de comunicación de aquellos tiempos. Cuando viajaron a los EE. UU., su corte de pelo mereció una avalancha de comentarios y preguntas de la prensa, además de buena cantidad de burlas. Mucha gente pensó que eran **pelucas**.

Como estaban escépticos de que el grupo pudiera conquistar el mercado local, los ejecutivos de EMI en Hamburgo exigieron que el grupo hiciera los honores al idioma alemán. The Beatles, haciendo una rara excepción, grabaron dos canciones en la lengua de Goethe: **«Sie Liebt Dich»** —«She Loves You»— y **«Komm, Gib Mir Deine Hand»** —«I Want to Hold Your Hand».

«I'm gonna hide myself away,
but I'll come back again someday.
And when I do you'd better hide all the girls,
'cause I'm gonna break their hearts all
['round the world,
yes, I'm gonna break 'em in two
and show you what your lovin' man can do.»*

«I'll Cry Instead» (1964)

---

*«Me voy a encerrar con llave, / pero un día voy a regresar. / Y cuando eso suceda, más vale que escondan a todas las chicas, / porque les voy a romper el corazón a todas; / sí, se los voy a partir en dos, / y voy a enseñarles lo que un hombre puede hacer.»

«Nunca habíamos visto algo parecido a esto. Nunca, jamás. Ni siquiera cuando nos visitaron reyes o reinas.»

Policía en el aeropuerto John F. Kennedy —JFK—, Nueva York, 1964

La beatlemanía, como tal, tuvo corta vida. Duró de 1963 a 1964 y fue un episodio de histeria colectiva en torno a The Beatles, semejante a otros casos de locura de masas en la historia; por ejemplo, en **«la locura del baile»** de Francia, en 1518, muchas personas bailaron ininterrumpidamente durante un mes, hasta desfallecer o morir.

«Véalo de esta forma. Son 16 mil muchachos que no andan por ahí robándose los tapones de los autos.»

Jefe de la Policía de Londres, 1964

«Love was more than just
holding hands.»*

«If I Fell» (1964)

---

* «El amor era más que sólo / tomarse de la mano.»

En su primera aparición por televisión en los EE. UU., en el *show* de Ed Sullivan, The Beatles fueron vistos por **73 millones de personas,** la audiencia televisiva más grande en la historia del país, hasta entonces.

«Si estos tipos estaban cantando, no me di cuenta. La gritería era interminable, pero los chiquillos eran tan bonitos, y también lo eran The Beatles. Yo estaba en primera fila con otros reporteros y, minutos después de que iniciara el concierto, empecé a quitarme bombones y gomitas del pelo. Los bombones tenían mensajes para The Beatles. Créanme, el verdadero espectáculo no eran The Beatles. El espectáculo eran los chicos del público.**»**

Rose DeWolf, *Philadelphia Daily News,*
julio de 1964

Entrevista en el aeropuerto JFK de Nueva York:

—¿Qué piensan de Beethoven?

RINGO:
Nos encanta, especialmente sus poemas.

—¿Cómo se llama ese corte de pelo?

GEORGE: Arturo.

—¿Les molesta que no puedan oírse en concierto?

JOHN: No, no nos molesta, tenemos los discos en casa.

—¿Alguna vez pasan desapercibidos?

PAUL: Cuando nos quitamos las pelucas.

«The Beatles están anunciando un movimiento cultural entre los jóvenes que pudiera pasar a formar parte de la historia de nuestro tiempo. Para quienes tienen ojos y quieren ver, algo muy importante y esperanzador está sucediendo aquí. Los jóvenes están rechazando algunos de los anticuados parámetros de sus mayores, mismos que han gobernado gran parte de nuestras acciones en los años recientes.»

William Deedes, miembro del gabinete
de la Gran Bretaña, 1964

«El mundo
nos usó como
pretexto para
enloquecer.»

George Harrison

«I don't care too much for money.
Money can't buy me love.»*

«Can't Buy Me Love» (1964)

---

* «No me importa mucho el dinero. / El dinero no puede comprarme el amor.»

El extraño acorde que abre la canción «A Hard Day's Night» no sólo es uno de los más famosos, sino uno de los más debatidos en la historia del rock. Nadie sabe exactamente cuál es y, aunque hay más de veinte propuestas —una de las más aceptadas es *Sol7sus4*—, no se ha podido reproducir.

«Sugerimos respetuosamente al Congreso que apruebe de inmediato un impuesto al ruido. Proponemos que sea una buena cantidad, algo así como 150% de los ingresos percibidos. Este alto impuesto retendría en Inglaterra a los que vienen a acabar con la tranquilidad pública.»

Firmado «Rice», *Independent Philadelphia Newspaper*, 1964

Durante la gira de 1964, un astrólogo predijo que el avión del cuarteto de Liverpool se estrellaría y todos morirían. Casi acertó. El avión se desplomó dos años más tarde, en abril de 1966, matando a sus 80 ocupantes entre los cuales no estaba el cuarteto.

«Cuando aquello comenzó, dijimos: "Vaya, aquí hay otro campo profesional que no requiere ninguna calificación especial, excepto querer y ponerse a hacerlo". Descubrimos que los valores no significaban nada, que podías hacerla sin la universidad, sin educación y todas esas cosas. Es agradable poder leer y escribir, pero, aparte de eso, nunca aprendí nada que valiera la pena.»

John Lennon

«Although I laugh and I act like a clown,
beneath this mask I am wearing a frown.»*

«I'm a Loser» (1964)

_____

* «Aunque me río y actúo como un payaso / bajo esta máscara llevo un gesto de tristeza.»

Los conciertos de The Beatles eran inaudibles debido a la gritería. Ringo Starr admitió que en varias ocasiones decían obscenidades, cantaban desafinados o, incluso, dejaban de tocar para ver si alguien se daba cuenta. Aparentemente nunca nadie se percató.

En la gira de The Beatles de 1964 por los EE. UU., algunas personas les acercaban niños lisiados, enfermos y paralíticos para que pusieran sus manos sobre ellos.

Se dice que en 1965, cuando recibieron la distinción como MBE —Miembro de la Orden del Imperio Británico, por sus siglas en inglés— en el Palacio de Buckingham, The Beatles se encerraron en un baño a fumar mariguana «para relajarse, porque estaban muy nerviosos».

«The Beatles y The Rolling Stones formábamos una sociedad de respeto mutuo. Mick [Jagger] y yo admirábamos sus voces y talento como compositores. Ellos envidiaban nuestra libertad de movimiento e imagen. Era una relación amistosa. En aquellos días salían *singles* cada seis u ocho semanas, y nos coordinábamos para que no compitieran. Recuerdo que John Lennon me llamaba por teléfono y decía: "Nosotros no lo hemos acabado de mezclar". "Nosotros ya lo tenemos listo". "Ok, saquen el suyo primero".»

Keith Richards, guitarrista de The Rolling Stones

Ringo Starr fue elogiado por la crítica especializada gracias a su melancólica escena en solitario en la película **A Hard Day's Night,** caminando a la orilla del Támesis. Según platicó más tarde, estaba totalmente... crudo.

«En realidad somos la misma persona. Cada uno somos la cuarta parte del todo.»

Paul McCartney

Varios políticos ingleses buscaron la foto con The Beatles para impulsar sus carreras; entre ellos, el escritor y exmiembro del Parlamento Jeffrey Archer. Después de la foto, Ringo comentó: **«Me late que éste es de la clase de gente capaz de embotellar su orina y venderla».**

Entre los extras de la película
A Hard Day's Night
se puede ver al cantante y exbaterista
del grupo Genesis, Phil Collins,
entonces un adolescente de 13 años.

«No hay experiencia musical o artística aquí, sino pura demostración de sensualidad que despierta sentimientos de agresión repletos de estímulos sexuales.»

Dr. Hanoch Rinot, director general del Ministerio de Educacion israelí, al negar el permiso a The Beatles para dar un concierto en 1965

Durante la gira de 1964, Ringo se enfermó de anginas y fue sustituido por el baterista Jimmy Nicol, quien logró el sueño de todo joven: **ser Beatle por una semana.** Hoy tiene 71 años y se niega a hablar de esos días.

«Please don't wear red tonight,
this is what I said tonight,
for red is the color that will make me blue,
in spite of you it's true, yes it is.»*

«Yes, It Is» (1965)

---

* «Por favor, no te vistas de rojo esta noche. / Eso es lo que dije esta noche, / porque el rojo es el color que me pone triste, / a pesar de ti, así es.»

«The Beatles lo tuvieron todo. Hicieron que pareciera fácil ser líderes de una revolución. Sí, tuvieron enormes ventas en todo el mundo y fama internacional, pero no a costa de la excelencia artística. Es peligroso especular por qué fue así, pero ésta es mi mejor teoría: estaban incursionando en una forma de arte relativamente nueva entonces y básicamente tuvieron la oportunidad de inventar qué significaba ser una banda de rock. Nunca se equivocaron, a pesar de no saber realmente lo que estaban haciendo. Tampoco tuvieron la capacidad de calcular su impacto o deliberadamente orquestar su ascenso como si se tratara de una coreografía. Como todos los genios, pusieron su huella en la música que les había precedido y la moldearon de forma que fue imposible volver a oír la música de la misma forma una vez que "I Want to Hold Your Hand", "Norwegian Wood" o "Strawberry Fields Forever" fueron esculpidas en nuestra mente colectiva. **»**

Greg Kot, *Chicago Tribune*

«¡Por supuesto que hubo orgías! Había una orgía en cada ciudad. Fue un milagro que la prensa no se enterara.»

Neil Aspinall, *road manager* y asistente personal de The Beatles

«But now these days are gone
and I'm not so self assured,
now I find I've changed my mind,
I've opened up the doors.»*

«Help!» (1965)

---

*«Pero ahora esos días se han ido / y no estoy tan seguro; / ahora veo que cambió mi perspectiva, / he abierto las puertas.»

El Santo Grial

Según las bitácoras de los estudios EMI, entre las 5:30 y las 9:30 p.m. del 3 de junio de 1964, John, Paul y George grabaron las primeras versiones de unas canciones —hoy totalmente desconocidas— que traían en mente: «It's for You», «Always and Only» y «You're My World». Alguien robó las cintas de los archivos y nunca han sido recuperadas.

Un día, Paul se despertó tarareando una canción. De inmediato fue al piano para que no se le olvidara. Le gustó tanto que no creyó que la hubiera inventado dormido.
Esa canción fue
«Yesterday».

«[The Beatles] Eran prisioneros de su propio estrellato en el más auténtico sentido de la palabra, incapaces de ir a ningún lado solos o siquiera de correr la cortina de una ventana sin causar un pandemónium.»

Joan Baez

The Beatles tenían programado tocar en la Ciudad de México el 28 de agosto de 1965, como parte de su gira por Norteamérica. Las autoridades mexicanas dijeron... **«¡No!»**.

«**M**e uní a The Beatles... a mitad de una gira que hacían por las islas británicas. A donde quiera que íbamos, la gente los miraba con asombro de que fueran realmente humanos de carne y hueso, que fueran iguales a los muñecos que tenían en su casa. Era como si de repente Santa Claus se hubiera presentado en la fiesta de Navidad. Noche tras noche, hordas de periodistas se presentaban sonriendo, cabizbajos, obsequiosos, sumisos, anotando toda palabra que salía de su boca. Ciudad tras ciudad se presentaba el alcalde, la condesa, el duque, jerarca o prelado, haciendo reverencias, peleándose por recibir por unos momentos el calor de su inenarrable aura. Ellos no dan entrevistas. Conceden audiencias. Porque así es como el mundo quiere que se porten sus leyendas. A su alrededor, a donde quiera que van, palpita un extraño y delgado velo translúcido de irrealidad palpable, tan denso que casi puede sentirse. Y en el centro de esta vasta nube de fantasía están los cuatro jóvenes que, por mucho, son los más reales y los menos encantados por todo aquello.»

Jean Shepherd, *Playboy Magazine*, febrero de 1965

El primer título de la
canción «Yesterday» era
«Scrambled Eggs»
—«Huevos revueltos».

«No son más que cuatro caras feas, cuatro cabezas largas llenas de pelo, cuatro idiotas sublimes, cuatro vagos descalzos... pero dieron un espectáculo que uno no puede más que admirar.»

Il Messagero, Roma, 24 de junio de 1965

La canción más famosa de The Beatles es tocada por **Tony Gilbert, Sidney Sax, Francisco Gaharro y Kenneth Essex.** Si se pregunta quiénes son esas personas, se trata del cuarteto de cuerdas que acompaña a Paul McCartney en «Yesterday».

«Do what you want to do,
and go where you're going to,
think for yourself,
'cause I won't be there with you.»*

«Think for Yourself» (1965)

---

*«Haz lo que quieras, / y ve adonde quieras, / piensa por ti mismo, / porque no voy a estar siempre contigo.»

Cansados de ir a todas las estaciones de televisión a promover sus canciones, en noviembre de 1965 The Beatles decidieron grabar películas promocionales de diez temas recientes, dando así inicio anticipado a la era del **videoclip.**

Di la palabra

Algunas de las palabras más utilizadas
en las canciones de The Beatles:

you	2 262 veces	*yes*	88
love	613	*cry*	75
know	436	*life*	58
baby	300	*world*	58
home	115	*eyes*	52
please	92	*money*	51

Algunas de las menos utilizadas:

wedding	1	*weapons*	1
jazz	1		

En 1965, un folleto de 24 páginas titulado *Comunismo, hipnotismo y The Beatles*, escrito por un fundamentalista cristiano, acusaba al grupo de ser parte de un plan secreto de la Unión Soviética para conquistar al mundo.

«Spread the word and you'll be free,
  spread the word and be like me,
  spread the word I'm thinking of,
  have you heard the word is *love*?»*

«The Word» (1965)

---

*«Difunde la palabra y serás libre, / difunde la palabra y sé como yo, / difunde la palabra en la que estoy pensando, / ¿ya escuchaste que la palabra es *amor*?»

Aunque recibían millones de libras desde 1963, año de su primer lanzamiento discográfico, The Beatles pagaban **94 de cada 100 libras de impuestos.**

Después del éxito de sus primeras películas para toda la familia, The Beatles encargaron un guión a **Joe Orton,** un controvertido escritor. En la historia, un grupo de amigos se reúne para asesinar a la Primer Ministro de Gran Bretaña, cometer adulterio, vestirse de mujeres, seducir a la hija de un clérigo y destruir un monumento. La obra fue presentada en Broadway apenas en 1989.

«Was she told when she was young that pain
[would lead to pleasure?
Did she understand it when they said
that a man must break his back to earn his day of leisure?
Will she still believe it when he's dead?»*

«Girl» (1965)

---

*«¿Le enseñaron a ella cuando era joven que el dolor la llevaría al placer? / ¿Entendió bien cuando le dijeron / que un hombre debe romperse la espalda para ganarse un día de descanso? / ¿Lo seguirá creyendo cuando él esté muerto?»

«Calculo que podríamos enviar a cuatro muñecos de cera de nosotros y la multitud estaría satisfecha. Los conciertos de The Beatles ya no tienen nada que ver con la música. Son sólo unos malditos ritos tribales.»

John Lennon en 1966, año en que el grupo dejó de tocar en vivo

Durante su visita a Filipinas, The Beatles fueron invitados al palacio de la primera dama, Imelda Marcos —quien tenía 2 700 pares de zapatos—, pero no fueron porque se quedaron dormidos. La embajada británica recibió amenazas de bomba, el *manager* no pudo cobrar el dinero de las entradas, los músicos recibieron escupitajos y patadas en el aeropuerto y, poco antes de salir el avión, fueron amenazados con que no los dejarían salir del país.

«Alguien me dijo un día: "¡Pero si The Beatles eran antimaterialistas!". Ése es un mito enorme. John y yo literalmente nos sentábamos y decíamos: "Ahora vamos a escribir para [comprar] una alberca".»

Paul McCartney

Ansiosos de invertir su dinero fuera de Inglaterra, The Beatles planearon comprar una isla griega llamada **Leslo,** donde vivirían con sus novias y amigos. Cuando concluyeron los engorrosos trámites, el grupo ya había perdido el interés por el pequeño paraíso.

«Love has a nasty habit
of disappearing overnight.»*

«I'm Looking Through You» (1965)

---

*«El amor tiene la fea costumbre / de desaparecer después de una noche.»

The Beatles fue el primer grupo de rock de la historia en tocar en un estadio. Lo hizo ante **55 mil fans** en el Shea Stadium de Nueva York. Desafortunadamente, los que asistieron dicen que no se oyó casi nada.

«There are places I'll remember
all my life, though some have changed.
Some forever, not for better.»*

«In My Life» (1965)

---

*«Hay lugares que recordaré / toda mi vida, aunque algunos han cambiado. / Algunos
para siempre, no para bien.»

«Una de las razones por las que ya no queremos salir de gira es que cuando estamos en el escenario, nadie puede oírnos.»

Paul McCartney, 1966

El 1º de mayo de 1966, el Empire Pool de Wembley ofreció un concierto histórico: The Beatles y The Rolling Stones en el mismo programa, ambos en la cúspide de su fama. Seguro valió la pena.

«Somos más populares que Jesús.»

Cuando John hizo esta declaración, un pastor de la iglesia bautista de Ohio, Thurman H. Babbs, amenazó con excomulgar a cualquier persona que asistiera a un concierto de The Beatles. El reverendo Babbs actualmente vive como vagabundo en Washington, D.C., y lleva un letrero que dice: «Veterano de guerra. Ayuda».

«La cristiandad pasará. Se va a esfumar. Ni siquiera necesito discutir eso. Tengo razón y el tiempo me dará la razón. Ahora somos más populares que Jesús.»

John Lennon, en entrevista con el *London Evening Standard*. Cinco meses después, una revista americana lo reprodujo mal contextualizado y provocó el célebre caos.

A raíz de la declaración de Lennon —«Ahora somos más populares que Jesús»—, varias estaciones de radio organizaron quemas públicas de sus discos. A la mañana siguiente de una de ellas, un rayo cayó sobre la estación KLUE de Longview, Texas, dejando inconsciente a su director...

—¿Será que hasta a Dios le gustan The Beatles?

«Well you know that I'm a wicked guy
and I was born with a jealous mind,
and I can't spend my whole life trying
just to make you toe the line.»*

«Run for Your Life» (1965)

---

* «Ya sabes, soy un tipo pervertido / y nací con una mente celosa, / y no puedo pasarme la vida entera tratando / de que no te pases de la raya.»

Cuando John Lennon comentó que The Beatles eran más populares que Jesús, Brian Epstein estuvo a punto de cancelar la gira temiendo que alguno sufriera un atentado. Incluso hay quienes dicen que el asesinato de John, en 1980, se relaciona con aquella declaración.

«Everybody seems to think I'm lazy.
I don't mind, I think they're crazy
running everywhere at such a speed,
'till they find there's no need.»*

«I'm Only Sleeping» (1966)

---

* «Parece que todo mundo piensa que soy flojo. / No me importa, yo creo que están locos, / corriendo por doquier a toda velocidad / hasta que se dan cuenta de que no hay necesidad.»

«Cuando te vi con él, sentí que mi futuro se derrumbaba.»

The Beatles

Mafalda:

—Sólo unos genios como The Beatles podían interpretar tan bien lo que sentí la primera vez que vi a mi mamá con un plato de sopa.

Contrario a su imagen de niños buenos, The Beatles se permitieron algunas «travesuras». En 1966 sacaron un disco —*Yesterday and Today*— que los mostraba cubiertos de pedazos de carne cruda y bebés de plástico decapitados. La portada fue retirada del mercado y hoy se vende en más de **300 mil pesos.**

La última presentación oficial de The Beatles,

en el estadio Candlestick Park de San Francisco, fue presenciada por 25 mil personas el 29 de agosto de 1966. Duró 32 minutos y John Lennon tomó fotos entre canción y canción. Sólo el grupo sabía que sería el último concierto.

«Rain, I don't mind,
Shine, the weather's fine.
Can you hear me, that when
[it rains and shines,
It's just a state of mind.»

«Rain» (1966)

---

*«Lluvia… no me importa. / Brilla el sol, el clima es perfecto. / ¿Te das cuenta?, el que llueva y brille el sol / es sólo un estado mental.»

El fotógrafo Robert Whitaker, el mismo que tomó la famosa «portada de los carniceros», hizo una fotografía artística en la que los cuatro Beatles miran a la cámara unidos a una mujer —que da la espalda al espectador— por medio de una tira de chorizo, simbolizando un cordón umbilical. Era un comentario a la exagerada beatlemanía que sugería «que The Beatles no eran Dios, sino que habían nacido de una mujer como cualquier persona».

«Con esto termino. Ya no soy un Beatle.»

George Harrison, al terminar el último concierto del grupo, el 29 de agosto de 1966

John Lennon adquirió sus famosos lentes redondos en la filmación de la película *How I Won the War* (1967), donde fue actor secundario.

«There will be times when all the things she said
[will fill your head,
you won't forget her.
And in her eyes you see nothing,
no sign of love behind the tears,
cried for no one,
a love that should've lasted years.»*

«For No One» (1966)

---

*«Habrá momentos en que todas las cosas que ella dijo llenarán tu cabeza. / No la olvidarás. / Y en sus ojos no ves nada, / ninguna señal de amor detrás de las lágrimas / que lloró para nadie, / un amor que debió haber durado años.»

El primer título de la canción «Eleanor Rigby» era **«Miss Daisy Hawkings»**. Paul le cambió el nombre porque pensó que no sonaba natural.

George Martin
sólo recibió
15 libras esterlinas
como pago por escribir
los fantásticos arreglos
de cuerda de
«Eleanor Rigby».

«Eleanor Rigby, picks up the rice
[in the church where a wedding has been,
Lives in a dream.
Waits at the window, wearing the face
[that she keeps in a jar by the door.
Who is it for?»*

«Eleanor Rigby» (1966)

---

* «Eleanor Rigby recoge el arroz / de la iglesia donde hubo una boda, / vive en un sueño. /
Aguarda en la ventana, trae puesta una cara / que guarda en un frasco junto a la puerta. /
¿Para quién se la pone?»

La señora Eleanor Rigby sí existió.

Su tumba está, curiosamente, a unos pasos del jardín donde Paul conoció a John.

«John quería conseguir que su voz sonara de forma realmente inusual, así que colgué un micrófono electrostático adentro de una bolsa de plástico y esto adentro de una botella de leche llena de agua. Lennon cantaba a todo pulmón cuando entró el director del estudio. "¿Qué rayos es ese ruido? ¿Cómo le hacen para que suene así?". Yo estaba aterrorizado. Nos pusimos junto a la botella, moviendo los hombros en todas direcciones para que no la viera.»

Geoff Emerick, ingeniero de grabación de los álbumes *Revolver*, *Sgt. Pepper's Lonely Hearts Club Band* y *Abbey Road*.

«And we live a life of ease,
everyone of us has all we need,
sky of blue and sea of green,
in our yellow submarine.»*

«Yellow Submarine» (1966)

*«Y vivimos una vida de comodidades, / cada uno de nosotros tiene lo que necesita, /
cielo de azul, mar de verde, / en nuestro submarino amarillo.»

«"Yellow Submarine" se trata de un lugar feliz, eso es todo. Estábamos tratando de escribir una canción infantil, ésa era la idea básica. No hay nada que leer entre líneas, es sólo una letra para niños.»

Paul McCartney

«Turn off your mind and relax and float downstream,
it is not dying, it is not dying.
Lay down all thought, surrender to the void,
It is shining, It is shining.»*

«Tomorrow Never Knows» (1966)

---

*«Apaga tu mente, relájate y flota río abajo, / no es morirse, no es morirse. / Abandona todo pensamiento, ríndete al vacío, / es brillar, es brillar.»

Lucy,

el primer ancestro de los humanos
en caminar en dos pies
—un *Australopithecus aferensis*—,
fue bautizado así en honor de
«Lucy in the Sky with Diamonds»,
la canción de The Beatles que los
científicos pusieron para festejar el
descubrimiento.

«Nothing is real.»*

«Strawberry Fields Forever» (1967)

---

* «Nada es real.»

«La intención de simular ser otra banda —Sgt. Pepper's Lonely Hearts Club Band— fue una estrategia para sacudirnos las limitaciones de ser un Beatle famoso. Podías jugar a ser otra persona, como si fueras un personaje en una obra de teatro. Fue muy liberador.»

Paul McCartney

«And it really doesn't matter,
if I'm wrong I'm right.
Where I belong I'm right.
See the people standing there
who disagree and never win
and wonder why they don't get in my door.»*

«Fixing a Hole» (1967)

---

*«Y realmente no importa, / si me equivoco estoy en lo correcto. / Estoy bien en el lugar al que pertenezco. / Veo a la gente ahí parada, / discutiendo, sin nunca ganar, / y me pregunto por qué no pasan por mi puerta.»

La portada de Sgt. Pepper's Lonely Hearts Club Band

● La idea original para la cubierta fue de Paul McCartney y era retratar a la banda sentada en un lujoso salón frente a una pared con cuadros de sus ídolos. El artista Peter Blake sugirió representar un concierto ficticio con un público formado por famosos, tanto vivos como ya fallecidos.

● Cuando la actriz Mae West —autora de la frase: «Cuando soy buena, soy muy buena. Cuando soy mala, soy mejor»— se enteró de que estaría en la portada del *Sgt. Pepper's,* su comentario fue: «¿Qué hago yo en un club de corazones solitarios?».

● Uno de los mitos más persistentes es que las hojas a lo largo de la palabra *Beatles,* en la portada del disco, son plantas de mariguana. En realidad son de *Aucuba japonica variegata,* también conocidas como laurel manchado.

● En el último momento fueron retiradas de la cubierta las caras de Hitler, Gandhi y Jesucristo. También la del hoy olvidado actor Leo Gorcey, que acababa de publicar su autobiografía y exigía que se le pagaran 400 dólares.

El verdadero Sargento Pimienta

La verdadera Banda del Club de los Corazones Solitarios del Sargento Pimienta eran James Buck, Neil Sanders, Tony Randall y John Burden, los cuatro músicos que se escuchan prominentemente tocando vientos en la canción que abre el álbum.

«I'd love to turn you on.»*

«A Day in the Life» (1967)

---

* «Me encantaría encenderte.»

«**L**o más cerca de la unidad que ha estado la civilización occidental, desde el Congreso de Viena de 1815, fue la semana en que salió el álbum *Sgt. Pepper's*. En cada ciudad de Europa y América, los estereos y los radios tocaban "*What would you think if I sang out of tune... woke up, fell out of bed... Lucy in the sky with diamonds...*", y todo el mundo escuchó. En ese momento yo estaba manejando por el país a través de la Interestatal 80. En cada ciudad en la que me detenía por comida o gasolina, las melodías emanaban de algún lejano radio de transistores o estereo portátil. Es lo más fantástico que he escuchado. Por un breve instante, la irreparablemente fragmentada conciencia de Occidente se unificó, al menos en la mente de los jóvenes. »

Langdon Winner, profesor de ciencias políticas, 1968

«Declaro que The Beatles son mutantes. Prototipos de agentes evolucionarios enviados por Dios, poseedores de un misterioso poder para crear una nueva especie humana, una joven raza de hombres libres y sonrientes. Ellos son los más eficientes avatares que ha producido la especie humana.»

Timothy Leary, psicólogo contracultural estadounidense, también llamado el «Apóstol del LSD»

«Living is easy with eyes closed
misunderstanding all you see.
It's getting hard to be someone
but it all works out.»*

«Stawberry Fields Forever» (1967)

---

* «Vivir con los ojos cerrados es fácil, / malinterpretando todo lo que ves. / Se pone cada
vez más difícil ser alguien, / pero todo tiene sentido.»

Existen canciones desconocidas de The Beatles que han sido celosamente guardadas. Por ejemplo, **«Carnival of Light»,** pieza de 14 minutos grabada durante las sesiones del famoso disco *Sgt. Pepper's.* A pesar de las versiones falsas que circulan por Internet, nadie fuera del círculo Beatle la ha escuchado.

«Es difícil saber por qué la BBC prohibió "A Day in the Life", pues su mensaje es, claramente, la huida de la banalidad. Describe una realidad profunda, aunque no la glorifica. Y su conclusión, si bien es magnífica, parece representar la negación del ser. La canción termina con una nota baja, resonante, que se sostiene por 40 segundos. Habiendo alcanzado la absoluta paz de la nulificación, el narrador está más allá de la melancolía. Pero hay algo triste e irrevocable en esa calma. Suena a destrucción.»

Richard Goldstein, *The New York Times,* 1967

La BBC prohibió la transmisión de la canción «Lucy in the Sky with Diamonds» por considerar que sus iniciales se referían a la droga alucinógena LSD. The Beatles afirmaban que estaba inspirada en un dibujo de Lucy Voden, compañera de *kinder* de Julian, el hijo de Lennon. La verdadera Lucy «fue al cielo» en 2009, al morir a los 46 años.

«And the time will come when you see we're
[all one,
and life flows on within you and without you.»*

«Within You and Without You» (1967)

---

* «Va a llegar el momento en que veas que todos somos uno / y que la vida fluye dentro de ti y sin ti.»

The Beatles aparecieron en la primera transmisión internacional en vivo vía satélite, en la que participaron **19 países y 350 millones de espectadores.** El Reino Unido mostró al grupo grabando «All You Need Is Love».

«La influencia más grande fueron The Beatles. En su momento, tuvo que ver con mucho más que con la música. Era una conexión con tus semejantes y la idea de que había un método alternativo para ser una persona exitosa, sin tener que ser doctor o abogado.»

Denny Somach —productor de radio— y Ken Sharp
—autor de dos libros sobre The Beatles

«There's nothing you can make that
[can't be made.
No one you can save that can't be saved.
Nothing you can do but you can learn how to be
[you in time.»*

«All You Need Is Love» (1967)

---

*«No hay nada que puedas hacer que no pueda hacerse, / nadie a quien puedas salvar
que no pueda ser salvado. / No puedes hacer nada, pero puedes aprender a ser tú con el
tiempo.»

«Estábamos traspasando límites, y eso es lo que intentábamos hacer.»

Paul McCartney

«La BBC invitó a The Beatles a aparecer en el primer programa televisivo transmitido globalmente, en el que cinco continentes se enlazarían simultáneamente a través de satélites recién lanzados a la órbita de la Tierra; este evento se ha descrito, con cierta razón, como el momento más importante en la historia de la música popular. The Beatles, ya en su cúspide absoluta, interpretaron "All You Need Is Love" con la aparente naturalidad de un ensayo privado. Pasar de tocar música *skiffle* en un club social para obreros en 1957 a instruir a 350 millones de personas en todo el mundo, diez años más tarde —y a tan sólo 15 días de la guerra árabe-israelí—, acerca de que "el amor es todo lo que necesitan", representa un salto tan colosal que todavía es difícil de entender. >>

Mark Lewishon, escritor estadounidense

«How does it feel to be one of the beautiful people
tuned to a natural E?
Now that you've found another key,
what are you going to play?»*

«Baby You're a Rich Man» (1967)

---

*«¿Qué se siente ser de la gente bonita / afinada en un *mi* natural? / Y ahora que
encontraste otra nota, / ¿qué es lo que vas a tocar?»

John Lennon se inspiró en cuentos infantiles para escribir algunas de sus mejores canciones. Uno de sus favoritos era el libro *Alicia en el país de las maravillas*, de Lewis Carroll, cuya influencia puede apreciarse en «Lucy in the Sky with Diamonds» y, sobre todo, en «I Am the Walrus», inspirada en el poema «La morsa y el carpintero», del mismo autor.

Cuando visitaron la India, The Beatles adoptaron como gurú al Maharishi Mahesh Yogi para aprender meditación trascendental, pero la relación acabó mal: Ringo dejó la India a los diez días, pues no le gustaba la dieta vegetariana; Paul tres semanas después, y John, tras oír rumores de que el Maharishi había «intentado propasarse» con Mia Farrow. Meses más tarde, Lennon diría: «Creo en la meditación, pero no en el Maharishi y su parafernalia». Sin embargo, el famoso escritor Deepak Chopra afirmó que en realidad el gurú les dijo que tendrían que irse si seguían fumando marihuana.

«If you're listening to this song
you may think the chords are going
[wrong,
but they're not.
We just wrote it like that.»*

«Only a Northern Song» (1968)

---

*«Si estás escuchando esta canción / puede que pienses que los acordes están mal, / pero no. / Así la escribimos.»

Una de las leyendas urbanas más extrañas sobre The Beatles tiene que ver con la existencia de un número telefónico. Si ponemos de cabeza la portada del disco *Magical Mystery Tour,* la palabra *Beatles* se convierte en una serie de dígitos: **5371438**. El rumor dice que a quienes marcaban a ese número el miércoles a las 5 de la mañana —el momento del supuesto accidente en que Paul McCartney perdió la vida*—, les contestaba el encargado de una agencia funeraria, un ciudadano desesperado de recibir llamadas o alguien llamado Billy Shears. Quienes hablaban con Shears y respondían correctamente preguntas sobre The Beatles, recibían boletos para visitar Pepperland, una isla privada en el Caribe. Adentro del sobre venían unas estampillas que el recipiente tenía que pegar, pero el pegamento tenía LSD. Una persona se arrojó de la ventana hacia su muerte. Otra tuvo un viaje ácido. Otra sí visitó Pepperland, pero jamás supo su ubicación precisa.

* v. «Cuentos de ultratumba: Paul está muerto»,
en este mismo volumen, p. 212.

«Some kind of happiness
is measured out in miles.»*

«Hey Bulldog» (1968)

---

*«Hay un tipo de felicidad / que se mide en kilómetros.»

«Siempre fui un rebelde, pero también quiero que la sociedad me ame y acepte, no ser músico, poeta, fanfarrón, loco... pero no puedo ser lo que no soy.»

John Lennon

¿De qué tratan las canciones?

Aunque la pregunta es difícil, con base en lo que han dicho los propios integrantes del grupo y algunos estudiosos, éstos serían los significados más aceptados:

- «A Day in the Life»: el bombardeo informativo y la necesidad de «despertar» a otra conciencia.

- «She's Leaving Home»: la generación de los 60 abandonando sus casas.

- «Doctor Robert»: un «doctor» que consigue drogas.

- «Eleanor Rigby»: la gente solitaria en una sociedad indiferente.

- «I Me Mine»: el egoísmo al interior de la banda.

- «Two of Us»: el romance de Paul y Linda.

- «Baby You're a Rich Man»: John Lennon diciéndole a los *hippies,* la «gente bonita», que dejen de quejarse.

«Helter Skelter»: una resbaladilla en un parque —a pesar de lo que diga Charles Manson.

«I Am the Walrus»: una furiosa crítica a la sociedad inglesa.

«Julia»: la madre de Lennon fundiéndose con Yoko Ono.

«Lady Madonna»: los apuros económicos de una madre soltera.

«Let It Be»: una visión de la madre de Paul diciéndole que acepte las cosas como son.

«Long Long Long»: encontrar a Dios tras una larga búsqueda.

«Maggie Mae»: una prostituta de Liverpool.

«Martha My Dear»: la mascota de Paul, una perra ovejera, es pretexto para que McCartney se despida de su novia, Jane Asher.

- «Piggies»: la gente pudiente y aristocrática, y sus fiestas.

- «Savoy Truffle»: una caja de chocolates.

- «You Never Give Me Your Money»: los problemas legales de la banda en sus últimos días.

- «You've Got to Hide Your Love Away»: ¿la primera canción *gay*?

- «Norwegian Wood»: la liberación sexual femenina: ella es la que trabaja y él quien amanece solo.

«All the world is birthday cake
so take a piece but not too much.»

«It´s All Too Much» (1968)

---

* «El mundo es un pastel de cumpleaños, / así que toma un pedazo, pero no demasiado.»

Antes de filmar el video promocional de «Hey Jude», **20 estudiantes repartieron volantes** en las calles aledañas a los estudios Twickenham para reunir a los 300 extras que aparecen al final de la canción aplaudiendo y cantando.

«The deeper you go,
the higher you fly.
The higher you fly,
the deeper you go.»*

«Everybody's Got Something to Hide —Except for
Me and My Monkey—» (1968)

---

* «Entre más al fondo vayas, / más alto vuelas. / Entre más alto vueles, / más profundo
llegas.»

«Helter Skelter»

es la canción más pesada de The Beatles. La versión original, sin cortes, dura 27 minutos. Al final se oye a Ringo gritando: «I got blisters on my fingers!».*

---

* «¡Tengo callos en los dedos!»

Además de en inglés, The Beatles grabaron algunos versos en otros idiomas, como en francés —«Michelle»—, alemán —«Sie Liebt Dich» y «Komm Gib Me Deine Hand»—, español —«Bésame mucho»— y un raro idioma romance inventado por John —«Sun King»—. Existe, también, una versión de «Get Back» en alemán —«Geh Raus»— que no fue editada comercialmente.

«Amé la música de The Beatles lo suficiente como para grabarla. Cada canción era una belleza. "The Long and Winding Road" me hizo llorar la primera vez que la oí.»

Ray Charles

Tanto John como Paul perdieron a sus madres en la adolescencia, lo cual estrechó su amistad. Entre las canciones que les escribieron están «Let It Be» —Paul— y «Julia» —John.

Mientras The Beatles grababan la toma decisiva de «Hey Jude», Ringo fue al baño y entró tarde a la canción. **Por eso la batería empieza hasta el minuto 0:50.**

Uno de los músicos de la orquesta contratada para grabar el final de «Hey Jude» se enojó cuando les preguntaron si podían dar el ritmo con las palmas. Se marchó exclamando: «¡No voy a aplaudir para una maldita canción de Paul McCartney!».

«Words are flowing out like endless
[rain into a paper cup,
they slither while they pass, they slip
[away across the universe.
Pools of sorrow, waves of joy are
[drifting through my opened mind.»*

«Across the Universe» (1969)

---

* «Las palabras fluyen como lluvia sin fin en una taza de papel, / se deslizan mientras pasan, se diluyen a través del universo. / Estanques de tristeza, olas de gozo van a la deriva por mi mente abierta.»

John Lennon se llevaba a su nueva e incómoda novia, **Yoko Ono,** a las sesiones de grabación. A Yoko le gustaba secretearse con John, sentarse arriba de los amplificadores, criticar la música y sugerir cómo debían tocar. Al final, también se llevó su cama al estudio.

«I'm changing faster than the weather,
if you and me should get together, who knows baby,
you may comfort me.»*

«Old Brown Shoe» (1969)

_____

*«Cambio más rápido que el clima, / si tú y yo llegamos a estar juntos, / quién sabe, nena, / quizá me confortes.»

George Martin produjo todos los álbums de la banda —excepto *Let It Be*— y tuvo una participación importante en la mayoría de sus canciones. Martin contaba con educación formal en música clásica, y se le considera el **quinto Beatle** y uno de los verdaderos genios detrás del éxito del grupo.

La John Birch Society —asociación de extrema derecha— acusó a The Beatles de promover el comunismo en su canción «Back in the USSR» —«De regreso a la Unión Soviética»—. En Rusia era la canción favorita de la gente. McCartney incluso la tocó en la Plaza Roja de Moscú, en 2003.

«**L**as diferencias en los estilos musicales de Lennon y McCartney fueron grandes desde el principio. Reflejando su personalidad sedentaria, irónica, las melodías de Lennon suelen moverse un poco hacia arriba y hacia abajo; básicamente realista, de forma instintiva las mantuvo apegadas al ritmo y las cadencias del habla. Las de McCartney, en contraste, muestran su energía extrovertida y optimismo, con frecuencia abarcando más de una octava; creador de melodías capaces de existir independientemente de su armonía. Lennon privilegiaba la expresión sobre la elegancia formal. McCartney producía obras técnicamente acabadas casi con base en el puro instinto.»

Ian MacDonald, crítico musical

20

canciones de The Beatles interpretadas por otros artistas

The Beatles es la banda más interpretada de todos los tiempos. No sólo rocanroleros, sino agrupaciones de *bossa nova* e incluso muñecos de peluche han encontrado en su catálogo algo para deleitar a las nuevas generaciones:

1. «With a Little Help from My Friends», Joe Cocker

2. «Something», Ray Charles

3. «Across the Universe», Fiona Apple

4. «Help!», Deep Purple

5. «Because», Elliott Smith

6. «Wild Honey Pie», The Pixies

7. «Helter Skelter», U2

8. «Here Comes the Sun», Richie Havens

9. «All Together Now», The Muppets

10. «I Wanna Be Your Man», The Rolling Stones

11. «Golden Slumbers», Ben Folds

12. «Hey Jude», Wilson Pickett

13. «I Want to Hold Your Hand», Al Green

14. «Every Little Thing», Yes

15. «She Said She Said», The Black Keys

16. «We Can Work It Out», Stevie Wonder

17. «Yesterday», Marvin Gaye

18. «Lucy in the Sky with Diamonds», Elton John

19. «You've Got to Hide Your Love Away», Eddie Vedder

20. «The Fool on the Hill», Sergio Mendes & Brasil 66

«Había algo muy especial en John Lennon. Uno siempre estaba consciente de que estaba como encendido. Te sentías relajado, pero por otro lado no lo estabas, porque si bajabas la guardia, si decías algo estúpido, te saltaba encima y te dejaba sin aliento.»

Mick Jagger

Canciones en solitario en los discos de The Beatles: «Blackbird» —Paul McCartney—, «Julia» —John Lennon—, «Within You Without You» —George Harrison.

«*A*utodidactas como músicos, Lennon y McCartney mostraban un desdén burlón por la educación y el entrenamiento. Evitaban el conocimiento técnico por temor a que matara su espontaneidad y los domesticara, que acabaran sonando como los demás. Lennon y McCartney no sólo eran incapaces de leer música, se rehusaban firmemente a aprender. »

Ian Macdonald, crítico musical

Un domingo por la tarde, al grabar
«Across the Universe»,
se necesitaron dos vocalistas para los
coros. Paul invitó a dos adolescentes
que hacían guardia afuera de los
estudios, Lizzie Bravo de 16 años y
Gayleen Pease de 17. Actualmente
Lizzie, brasileña, prepara su
biografía: *Diario de una chica
de 15 años.*

Hacia el final de su carrera, The Beatles planeaban filmar un gran concierto. Se acordó que sería en un anfiteatro romano en África, comenzaría vacío al anochecer y terminaría en la mañana con gente de todas las razas y credos. Al final, desinteresados y exhaustos, se fueron a darlo en la azotea del estudio de grabación de

Abbey Road.

«The Beatles no tenían ideas preconcebidas acerca del acorde que debían tocar y, en cambio, sí una apertura mental que explotaron de manera consciente y que jugó un papel fundamental en sus canciones más exitosas. Sabían que la falta de estructura institucional en su música era lo que la hacía tan viva y auténtica, por lo que evitaron que se hiciera rancia investigando continuamente nuevos métodos y conceptos: comenzando y terminando las canciones con el acorde "equivocado", utilizando escalas modales, hindúes, pentatónicas, incorporando efectos de estudio e instrumentos exóticos y alternando ritmos y modismos con una versatilidad única. Siempre en la búsqueda de nuevos estímulos, experimentaron con todo, desde secuencias con cintas hasta las drogas y procedimientos al azar que tomaron prestados del movimiento intelectual *Avant Garde*.❯❯

Ian Macdonald, crítico musical

«Todo es más claro cuando estás enamorado.»

John Lennon

El **cruce de cebra**

frente a los estudios EMI, en Londres, famoso por la portada del disco *Abbey Road*, fue declarado monumento nacional en 2010. Sin embargo, ya no marca el lugar exacto donde The Beatles cruzaron, pues se ha movido unos metros.

«Su Majestad: le devuelvo mi MBE —Miembro de la Orden del Imperio Británico, por sus siglas en inglés— para protestar por la participación de Gran Bretaña en Nigeria —el asunto Biafra—, por nuestro apoyo a los EE. UU. en Vietnam y porque "Cold Turkey" está descendiendo en las listas de popularidad.

Con amor,
John Lennon.»
25 de noviembre de 1969

(La medalla MBE que John Lennon devolvió a la
reina fue encontrada en 2009 en una cómoda
de la Cancillería de la Casa Real, en Londres, con
todo y la carta de protesta. Los fans ahora piden
que se ponga en exhibición.)

«Oh what joy for every girl and boy,
knowing they're happy and they're safe.»

«Octopus's Garden» (1969)

---

*«Oh, qué alegría para cada chica y cada chico, / saber que están felices y seguros.»

Todos los años, en Navidad,
The Beatles grababan un disco con
saludos y felicitaciones en exclusiva para
su club de fans, a veces con villancicos
originales. Para el último álbum,
en 1969, cada quien grabó su parte en
su casa «porque ya no se hablaban».

«**C**harles Manson creía con firmeza que la música de The Beatles tenía un mensaje oculto. Para inicios de 1969, se había obsesionado escuchando el "White Album" y leyendo el Apocalipsis. Lo que él extrajo de la música del grupo fue una visión, una profecía de alcances de pesadilla: "Esta música es el comienzo de la revolución", la premonición de una guerra racial que pronto cubriría al mundo. En la enferma mente de Manson, "Helter Skelter" —una frenética muestra de rock pesado y claramente una canción sobre una resbaladilla en un parque de diversiones— se convirtió en una cosa totalmente distinta: un llamado a la aniquilación. El 3 de agosto de 1969, los acólitos de Manson asesinaron a varias personas en una reunión —Sharon Tate, la esposa embarazada del director Roman Polanski, fue la más famosa de ellas—. Entre los mensajes que dejaron, escrito con sangre en la puerta de un refrigerador, estaba el título, mal escrito, de "Healter Shelter". »

June Skinner Sawyers, escritora

En 1969, John Lennon le dijo a Paul McCartney que la canción «Cold Turkey» sería el próximo *single* de The Beatles. El título se refiere a dejar la droga de golpe, sin medicamentos. Paul quedó horrorizado por la serie de gritos, gruñidos y alaridos de Lennon en la segunda mitad de la canción. «Perfecto, lo sacaré yo solo», respondió John, terminando así, de facto, la carrera del grupo.

«"Something" es la más hermosa canción de amor de los últimos cincuenta años.»

Frank Sinatra

«The Beatles significan cosas distintas para diferentes personas y, lo que es quizá más importante, cosas distintas para cada generación. Lo que escucha un hijo de la II Guerra Mundial no es lo mismo que lo que oye un miembro de la Generación X. Su música es tan ajena al tiempo, tan rica en sabores sutiles y matices, que cualquier cosa que quieras encontrar probablemente estará ahí. Para una banda que nunca se quedó quieta, que estaba reinventándose constantemente, resulta muy adecuado que su música haya florecido durante tanto tiempo. The Beatles cambiaron junto con todos nosotros.»

June Skinner Sawyers, escritora

The Beatles nunca dieron crédito a sus músicos de sesión. El primer artista invitado fue el flautista **Johnnie Scott** para «You've Got to Hide Your Love Away». Otros famosos a los que incluyeron fueron **Eric Clapton, Billy Preston** y **Brian Jones.**

«Ésa no es manera de hablarle a un Beatle.»

George Harrison a Jeff Jarratt, técnico del estudio, cuando éste le pidió que bajara un poco el volumen de la guitarra

Hay más de 3 000
versiones de la canción
«Yesterday».

«And when the broken
hearted people
living in the world agree,
there will be an answer,
let it be…»*

«Let it be» (1970)

---

* «Y cuando la gente con el corazón roto / viva, de acuerdo, en el mundo, /
habrá una respuesta... / déjalo ser.»

«**E**s verdad: consumieron sustancias estupefacientes, vivieron años disolutos y desinhibidos, en un exceso de audacia dijeron que eran más famosos que Jesús, se divirtieron lanzando mensajes misteriosos y secundando leyendas metropolitanas sobre su vida y también sobre la presunta muerte de uno de ellos. Cierto, no fueron el mejor ejemplo para los jóvenes de su tiempo, pero tampoco el peor. Ahora, escuchando

sus canciones, todo eso parece lejano e insignificante. A 40 años de la turbulenta disolución de The
Beatles, oficializada el 10 de abril de 1970, pero
—de hecho— acaecida el año anterior, al término
de la grabación de *Abbey Road*, quedan como joyas
preciosas sus bellísimas melodías, que cambiaron
para siempre la música ligera y continúan rega-
lándonos emociones.**»**

L'Osservatore Romano, 2010

«Los Beatles
existirán sin
nosotros.»

George Harrison

«Number 9»

John Lennon sentía fascinación por el número **9.** Nació un **9** de octubre, creció en la casa número **9** de su calle, firmó su primer contrato discográfico un **9** de mayo y su banda se disolvió a los **9** años. Escribió canciones como «One After **909**», «Revolution **No. 9**» y «**#9** Dream». Murió un ocho de diciembre en la madrugada. En el horario de Inglaterra, ya era **9** de diciembre.

Diez canciones que nos gustaría oír

En lo que se refiere a grabaciones, pocas cosas quedan por salir a la luz después de la serie *Anthology*. Algunas de ellas se consiguen en discos raros, pero otras siguen celosamente guardadas en los estudios de Abbey Road:

«Good-bye» (1968), «Commonwealth» (1968), «Suzie Parker» (1968), «Carnival of Light» (1967), «Everywhere It's Christmas» —incluida en el álbum de Navidad de 1966—, «Sour Milk Sea» (1969), «Etcetera» —cinta robada al grupo en 1968—, la versión completa de «Helter Skelter» (1968), «Jazz Piano Song» (1968), «Now and Then» (2005)…

The Beatles nunca tocaron juntos después de 1970, al menos no en el mismo cuarto. En el disco *Ringo*, de 1973, los cuatro cantan y contribuyen con al menos una canción, **pero nunca coincidieron en el estudio.**

«**E**n su mayor parte, fueron las canciones suaves, invitantes, esperanzadoras y melodiosas de Paul las que cruzaron desde su época y me hicieron feliz, y me dieron una sensación de bienestar con respecto a The Beatles —"With a Little Help from My Friends", "Penny Lane", "When I'm Sixty-Four"—. Pero fueron las canciones de John, que alguna vez me habían parecido inquietantes, las que ahora encontraba irresistibles por su introspección, su profundidad, sus juegos de palabras, su estructura musical —"A Day in the Life", "Across the Universe", "Norwegian Wood", "Strawberry Fields Forever"—. Canciones inteligentes que me dieron mucho para pensar y analizar, melodías oscuras con elementos desconcertantes. Paul hizo que me gustaran The Beatles. John me llevó a lugares a los que no necesariamente quería ir.**》**

Touré, escritor y crítico literario

Cuentos de ultratumba:
Paul está muerto

«No me preocupan los rumores sobre mi muerte.
Si estuviera muerto, sería el último en enterarme.»

Paul McCartney

Los hechos

El 9 de noviembre de 1966, a las 5 de la mañana, Paul McCartney, tras pasar parte de la noche en una sala de operaciones, muere debido a graves heridas provocadas en un accidente automovilístico. La noticia la anuncia, tres años más tarde, el 12 de septiembre de 1969, un estudiante llamado Tom que se comunica por teléfono a la estación de radio WKNR de Detroit, durante la transmisión del conductor Russ Gibb. Tom revela que después de una fuerte pelea con sus compañeros, McCartney había abordado su vehículo y conducido a toda velocidad hasta encontrar la muerte, partiéndose la cabeza. Los tres Beatles sobrevivientes y su *manager*, Brian Epstein, decidieron ocultar la noticia. Para sustituir a Paul invitaron a un tal William Campbell —joven escocés con un impresionante parecido al bajista—. Durante los siguientes años, The Beatles —según quienes creen en esta muerte— dejaron numerosos indicios en las portadas de sus discos y en varias canciones donde se podían confirmar estos hechos:

La portada del disco *Sgt. Pepper's Lonely Hearts Club Band* representa el entierro de Paul McCartney. Detrás de la banda se encuentran las personalidades que asistieron a su último adiós. Los Beatles originales se observan a un lado, vestidos de negro. Sobre la tumba con flores se encuentra un bajo eléctrico, el instrumento de Paul, delineado con flores amarillas —de muerte— que forman la palabra *PAUL*?. Sobre la cabeza de McCartney se encuentra una mano abierta, dándole la bendición. Una muñeca de trapo a la izquierda pide «Welcome The Rolling Stones» —«Reciban a The Rolling Stones»—, anticipando el fin de The Beatles. Sobre las piernas de la muñeca está un automóvil Aston-Martin, el coche accidentado. Si se coloca un espejo horizontalmente a la mitad del bombo, se lee «I ONE I X = HE DIE» apuntando hacia Paul.

● En la contraportada, donde por primera vez se imprimieron las letras de las canciones, el dedo de George Harrison apunta a la frase «Wednesday morning af five o´clock», el día y la hora en que ocurrió el accidente.

● La canción «A Day in the Life» describe el accidente automovilístico: «Se voló la mente en un coche / no se dio cuenta de que las luces

habían cambiado. /
Una multitud se paró
a observar, / ya habían
visto antes esa cara».

- En los últimos
segundos de la
canción «Strawberry
Fields Forever»
supuestamente se
escucha a John Lennon
decir «I buried Paul»
—«yo enterré a Paul».

- En «Don't Pass Me
By», Ringo Starr

describe el accidente:
«You were in a car
crash, / and you
lost your head»
—«Estuviste en un
choque automovilístico
/ y perdiste la cabeza».

- Al final de «I'm
so Tired», John
Lennon murmura
unas palabras
incomprensibles.
Cuando se tocan al
revés se escucha «Paul

is dead, man. Miss him, miss him» —ésta es la pista más clara de todas.

- La canción «Revolution 9», un *collage* de sonidos y voces, contiene varias pistas. El fraseo de John Lennon «Number nine, number nine», tocado al revés, se convierte en «Turn me on, dead man» —«Enciéndeme, hombre muerto»—. Entre los sonidos que se pueden oír en la larga pieza, está el de un accidente automovilístico. Disimulado entre el ruido se escucha el diálogo: «Se golpeó con un tubo. Hay que llevarlo al cirujano... así, mis alas están rotas y también mi cabello».

La portada de *Abbey Road*, con los cuatro Beatles cruzando la calle, representa una marcha fúnebre. John, de blanco, es el ministro. Ringo, de negro, el empresario de pompas fúnebres o quizá el amigo del muerto. Paul va con los ojos cerrados, con paso distinto a los otros Beatles. Va descalzo —las personas generalmente son enterradas descalzas—. Lleva un cigarro en la mano derecha, aunque es zurdo. En inglés, una forma popular de decir cigarrillo es *coffin nail* —clavo de ataúd—. George Harrison va vestido en ropas de trabajo: es el enterrador. Las placas del Volkswagen —Beetle— blanco dicen 28IF, la edad de Paul, de estar vivo.

● En «It's Johnny's Birthday», incluida en uno de los primeros discos solistas de George Harrison, se escucha claramente decir, cuando se toca al revés: «He never wore his shoes. We all know he was dead» —«Él nunca se puso los zapatos. Todos sabíamos que estaba muerto».

● Al final del episodio de *The Simpson* en el que aparecen Paul y Linda McCartney, se escucha la canción «Maybe I'm Amazed» con algunas palabras añadidas al audio. Tocadas al revés, se escucha la conclusión de Paul: «Y, por cierto, estoy vivo».

Discografía

Please Please Me
(1963)

«No había mucho dinero en Parlophone. Quería que el primer disco de The Beatles se grabara en un día y que saliera rápido a la venta. Reuní a los muchachos y les pregunté: "¿Qué tienen preparado? ¿Podemos hacer un álbum rápido?". Grabamos diez canciones en un día, desde las diez de la mañana hasta las once de la noche y terminamos el álbum.»

George Martin

With The Beatles
(1963)

«Todavía disponían de muchos *covers* para rellenar un disco, pero el equipo Lennon-McCartney estaba adquiriendo la fuerza de una locomotora y comenzando a producir clásicos como si los sacaran del aire. The Beatles habían adquirido un sonido propio en las voces amalgamadas de John y Paul, y George daba saltos gigantes en la guitarra.»

Chris Nickson

A Hard Day's Night
(1964)

«En cuanto a qué "significan" The Beatles, tengo mis dudas para especular. El problema con el análisis sociológico es que no le interesan los valores estéticos. *A Hard Day's Night* pudo haber sido un fracaso de película y aun así ser razonablemente "significativa". Me gustan The Beatles en este momento de su carrera no sólo porque significan algo, sino porque expresan con efectividad muchos aspectos de la modernidad que convergen de manera muy inspiradora en sus personalidades.»

The Village Voice, 1964

For Sale (1964)

«La influencia más importante del disco fue Bob Dylan, a quien Paul y John escucharon por primera vez en 1964. Dylan fue el primer artista en hacer mella en ellos en su faceta como escritores de canciones. Dylan les atrajo porque en él las palabras eran tan importantes como la música.»

Steve Turner

Help! (1965)

«*Help!* es un álbum de transición. Por primera vez incorporan músicos externos y nuevos instrumentos. Algunas partes anticipan la dirección más creativa y madura que luego tomarían, otras recuerdan el trabajo más juvenil de la primera época. Es el último disco "divertido" que muestra a The Beatles como jóvenes entusiastas y limpios.»

H. Jin

«La fotografía para *Rubber Soul* —la última portada en la que estuve involucrado— fue tomada en el jardín de la casa de John, en Weybridge. El efecto de distorsión en la foto fue un reflejo de la forma en que estaban cambiando sus vidas.»

Robert Freeman

Rubber Soul (1965)

Revolver (1966)

«*Revolver* es el álbum que, por común acuerdo, muestra a The Beatles en la cima de su creatividad, fundiendo canciones incisivas, sólidas y económicas con una valiente experimentación en el estudio. Permanece hoy como uno de esos raros discos que pudo conservar su frescura original y vitalidad. Dicho simplemente, *Revolver* es una obra maestra, surgida de una repentina libertad creativa y artística, y de la notable madurez —a pesar del caos que los rodeaba— de estos cuatro jóvenes.»

Mark Lewishon

Sgt. Pepper's Lonely Hearts Club Band (1967)

«Este álbum fue una granada de fragmentación musical que explotó con una fuerza que todavía se siente. Nada remotamente parecido a *Sgt. Pepper's* se había escuchado antes. Con este disco, The Beatles pusieron un espejo frente al mundo, y el mundo vio un brillante reflejo de su ser caleidoscópico de 1967.»

George Martin

Magical Mystery Tour
(1967)

«La anarquía que se manifestó en la grabación de "Lovely Rita" fue el inicio de una forma de trabajar autoindulgente e indisciplinada, que se convirtió en algo un tanto aburrido durante *Magical Mystery Tour*. ¡Aburrido para los que no éramos Beatles! Soltarse el pelo de vez en cuando es buena idea, pero la "libertad" no significa genialidad en automático.»

George Martin

The BEATLES

The Beatles
[White Album] (1968)

«Después de la sorprendente portada de *Sgt. Pepper's*, el público esperaba la cubierta del nuevo disco con tanta anticipación como la propia música. No se decepcionaron. Se trataba de una portada totalmente blanca, concebida por el influyente artista Richard Hamilton, el perfecto antídoto minimalista a la oleada de portadas imitación *Sgt. Pepper's*, cada vez más chillonas y escandalosas, que inundaban el mercado a finales de 1968.»

Mark Lewishon

Yellow Submarine
(1969)

«Pepperland es una cosquilla de alegría en la panza del universo. ¡Debe ser eliminada!»

El jefe de los Blue Meanies

Abbey Road (1969)

«Canciones como "Come Together" y "Here Comes the Sun" eran creaciones únicas, tan imposibles de anticipar como de olvidar. Las pistas que convertían la cara B en una secuencia musical ininterrumpida ilustran el hecho de que The Beatles seguían siendo unos pioneros que inventaban reglas nuevas a medida que avanzaban. Fue durante la grabación de *Abbey Road* que George Martin se manifestaría acerca de la "presencia inexplicable" que se experimentaba en una habitación siempre que los cuatro estaban en ella.»

Mark Hertsgaard

Let It Be (1970)

«Originalmente la banda quería un disco y una película grabados totalmente en vivo en el estudio. Pero esa empresa tan demandante dejó a The Beatles tan fastidiados que abandonaron el proyecto para hacer más tarde el disco *Abbey Road*. Posteriormente, —el productor— Phil Spector añadió arreglos de orquesta excesivamente dulces a muchas de las pistas del álbum.»

Daniel Kreps

Cronología

1926
En enero nace George Martin, productor de los discos más emblemáticos del grupo.

1940
En julio nace Richard Starkey, mejor conocido como Ringo Starr.

En octubre nace John Winston Lennon en medio de un bombardeo alemán.

1942
En el mes de junio nace James Paul McCartney.

Alfred Lennon abandona su casa y deja a su hijo John a cargo de sus tías.

1943
En febrero nace George Harrison.

1956
Muere la madre de Paul —Mary Patricia McCartney— de cáncer de mama.

1957
En mayo, John Lennon forma el grupo The Quarry Men.

1958

Paul conoce a John durante una presentación del grupo de este último: The Quarry Men.

Muere Julia, la madre de John, en un accidente.

Paul invita a George a integrarse a The Quarry Men.

1960

2 de junio - The Silver Beetles tocan profesionalmente por primera vez en el Instituto Neston de Liverpool. John,

Paul, George y Pete Best en la batería forman el grupo. Viajan a Hamburgo, pero son deportados al comprobarse que George es menor de edad; McCartney y Best son deportados una semana más tarde por ocasionar un incendio.

18 de agosto a 3 de octubre The Beatles tocan por primera vez con ese nombre en dos clubs de Hamburgo: el Indra y el Kaiserkeller. Los conciertos duran hasta ocho horas seguidas.

27 de diciembre - El grupo actúa en el salón Town Hall Ballroom de Liverpool, momento que se considera el inicio de la beatlemanía.

1961

21 de febrero - La banda toca por primera vez en el club The Cavern, durante un receso de los músicos de planta. Reciben cinco libras esterlinas como pago.

9 de noviembre - Brian Epstein asiste al club The Cavern a ver a The Beatles.

El 3 de diciembre les ofrece ser su *manager*.

1962

4 de junio - El grupo firma un contrato con Parlophone, subsidiaria de EMI.

16 de agosto - Pete Best, primer baterista, y el miembro más popular del grupo, es despedido. Lo sustituye Ringo Starr.

11 de septiembre
The Beatles comienzan la grabación de su primer *single*,

«Love Me Do». El músico de sesión Andy White reemplaza a Ringo en la batería. También graban «Bésame mucho», «Ask Me Why» y «P. S. I Love You».

Primera actuación en la BBC.

1963

11 de febrero - The Beatles graban catorce canciones para su primer álbum en un día.

Aparece su primer LP en sonido monoaural: *Please Please Me*.

3 de agosto - Después de casi 300 presentaciones, The Beatles hacen su última aparición en The Cavern.

1964

9 de febrero - The Beatles se presentan en vivo ante 728 personas en el *show* de Ed Sullivan en Nueva York. Una audiencia televisiva calculada en 73 millones de espectadores ve por primera vez al grupo. En la misma emisión se presenta el actor Frank Gorshin, mejor conocido como «El Acertijo» en las series de TV de Batman.

2 de marzo - Comienza la filmación de *A Hard Day's Night*, su primera película.

23 de marzo - John Lennon publica su primer libro, *In his Own Write*. La primera edición vende 100 mil ejemplares.

4 de abril - The Beatles ocupan los primeros cinco lugares de las listas de *singles* del Billboard. Nadie ha repetido tal hazaña y es improbable que vuelvan a darse las condiciones para que otro artista lo haga.

6 de septiembre - A mitad de su gira por Norteamérica, ventilando sus sentimientos hacia la segregación racial, el grupo declara a la prensa: «No tocaremos a menos que se permita a los negros sentarse donde ellos quieran».

1965
febrero - Comienza la filmación de *Help!* en las Bahamas.

12 de junio - The Beatles son nombrados MBE —Miembros de la Orden del Imperio Británico— por la reina Isabel. Algunos soldados regresan sus medallas como protesta.

14 de junio - Paul McCartney graba «Yesterday» en los estudios de Abbey Road.

15 de agosto - The Beatles tocan en el Shea Stadium de Nueva York, el primer concierto multitudinario de rock de la historia. Asisten más de 55 mil personas, entre ellos Mick Jagger, Steve Van Zandt y Meryl Streep.

1966

4 de marzo - Lennon da una entrevista a Maureen Cleave del diario *London Evening Standard* y declara que The Beatles son más populares que Jesucristo. En su edición del 8 de abril, la revista *Time* pregunta en portada: «¿Dios ha muerto?».

5 de junio - El grupo se presenta por primera vez de forma virtual en *The Ed*

Sullivan Show. En vez de asistir, envían los videos de «Rain» y de «Paperback Writer», dando inicio anticipado a la era del video-rock.

5 de julio - The Beatles son agredidos en Filipinas por una multitud enfurecida que los golpea y les escupe, después de haber plantado inadvertidamente a la primera dama. En el aeropuerto hay huesos rotos. Mal Evans, director de giras, es bajado del avión y, temiendo ser ejecutado, se despide con un «Díganle a mi esposa que la amo».

agosto - Comienzan las quemas de discos de The Beatles en el sur rural de los EE. UU. y en Sudáfrica, a instancia de algunos locutores fanáticos. Estaciones de radio de España y Holanda vetan sus discos. Las manifestaciones son lo suficientemente serias para que Lennon ofrezca disculpas por sus declaraciones en una rueda de prensa.

29 de agosto - The Beatles ofrecen su último concierto en el estadio Candlestick Park de San Francisco. Afirman que su música se ha vuelto demasiado compleja para interpretarse en vivo. Un adolescente de 15 años toma la única película conocida.

9 de noviembre - John Lennon conoce a Yoko Ono en una exposición.

1967

Sale a la venta el álbum conceptual *Sgt. Pepper's Lonely Heart Club Band*, piedra angular de la psicodelia.

24 de julio - Los cuatro músicos firman, junto con pintores, escritores y políticos, un desplegado en el periódico *London Times*, que pide la urgente legalización de la mariguana: «La ley en contra de la mariguana es inmoral en principio e inaplicable en la práctica».

25 de julio - En la cúspide del «verano del amor», The Beatles tocan «All You

Need Is Love» para el primer programa en vivo vía satélite a los cinco continentes.

25 de agosto - El grupo viaja a Gales para asistir a un curso de meditación trascendental con el Maharishi Mahesh Yogi.

27 de agosto - Brian Epstein muere en su casa por una sobredosis accidental.

1968

Sale a la venta el llamado «White Album». Su nombre oficial es *The Beatles*.

Enero - Lanzamiento de la empresa Apple Corps., que además de casa discográfica, incluye una *boutique*, una división de inventos electrónicos, producción de cine y apoyo a proyectos independientes. «Queremos crear un sistema en donde la gente que quiera hacer una buena película o algo, no tenga que ir a arrodillarse a la oficina de alguien... la de ustedes, probablemente».

John se relaciona con Yoko Ono. Su esposa, Cynthia,

lo acusa de adulterio. A los pocos meses, John y Cynthia se divorcian.

17 de julio - Estreno mundial de la película *Yellow Submarine*.

1969
Paul se casa con Linda Eastman; a los pocos meses, John y Yoko se casan.

John anuncia que dejará la banda.

30 de enero - The Beatles tocan por última vez en vivo en la azotea de la Apple, acompañados del organista Billy Preston. Después de 42 minutos, la policía interrumpe el improvisado concierto.

abril - Comienza la grabación del último disco de The Beatles, *Abbey Road*. Se cancelan planes para tomar la foto de la portada a los pies del monte Everest. Paul sugiere la famosa foto cruzando la calle.

9 de agosto - La familia Manson asesina a varias personas en Los Ángeles, después de haber encontrado «pistas» en el Apocalipsis y en el «Álbum Blanco».

20 de agosto - Última vez que los cuatro Beatles asisten al estudio de grabación. Supervisan la mezcla de *Abbey Road* y deciden el orden de las canciones.

septiembre - Circulan rumores de que Paul McCartney murió en 1966.

1970

3 de enero - Última sesión de grabación de The Beatles en los estudios EMI para la versión definitiva de «I Me Mine». John Lennon no está presente.

10 de abril - Paul anuncia que deja el grupo.

Aparece el primer álbum solista de Ringo: *Sentimental Journey*.

Primer álbum solista de Paul: *McCartney*, en el

que él ejecuta todos los instrumentos.

Paul anuncia la separación definitiva del cuarteto, y sale a la venta el álbum póstumo del grupo: *Let It Be*.

George lanza su primer álbum solista —triple, por cierto—, con un nombre muy oportuno: *All Things Must Pass*.

John Lennon lanza su primer álbum oficial como solista: *John Lennon / Plastic Ono Band*.

1971

9 de octubre - John Lennon presenta su disco *Imagine*.

7 de diciembre - Paul McCartney presenta *Wild Life*, el primer disco con Wings, su nueva banda. Todos los siguientes álbumes de Wings llegarán al número uno en las listas de popularidad.

1975

9 de enero - Luego de años de juicios, la sociedad de The Beatles es disuelta legalmente en una corte de Londres.

1980

17 de noviembre - Aparece el disco *Double Fantasy,* que marca el regreso de John Lennon a la música. Tres semanas después, es asesinado afuera de su casa, en Nueva York.

1981

11 de mayo - Aparece el *single* «All Those Years Ago» en honor a John Lennon, que reúne por primera vez a George, Paul y Ringo desde la separación del grupo.

La banda Wings se desintegra lentamente ante la negativa de Paul de hacer *tours* tras el asesinato de John.

1985

Michael Jackson compra los derechos de reproducción de todas las canciones de The Beatles, y esto ocasiona el enojo de Paul McCartney.

1988

20 de enero - The Beatles son presentados en el Salón de la Fama del Rock.

1994

febrero - Paul, George y Ringo graban tres canciones inconclusas de Lennon, «Free As a Bird», «Real Love» y «Now and Then».

1997

Paul recibe el título de *Sir*.

1998

Linda McCartney muere de cáncer.

2000

13 noviembre - The Beatles regresan al número uno de las listas de popularidad con el álbum de éxitos *Anthology* «1», que alcanza el primer puesto en 35 países, rompiendo todas las expectativas.

2001

29 de noviembre - George Harrison muere de cáncer. Sus cenizas son esparcidas en el río Ganges de la India.

2002

Paul se casa con Heather Mills. Cuatro años más tarde, ambos serían parte de uno de los divorcios más escandalosos y costosos de la historia.

15 de marzo - El aeropuerto de Liverpool es bautizado oficialmente como Aeropuerto John Lennon. Su *slogan*: «Above us only sky».

2006

20 de noviembre - Aparece el álbum *LOVE*, producido por George Martin e hijo, que presenta las canciones del grupo notablemente remezcladas. *Rolling Stone* lo califica como «el álbum mejor producido de The Beatles».

2010

La tienda virtual de música iTunes anuncia la inclusión de las obras completas de The Beatles en su catálogo.

Junto con Tony Sheridad,
Billy Preston es el único músico
acreditado como tal en las
canciones del cuarteto de Liverpool,
por su participación en la canción

«Get Back»

—el único sencillo de The Beatles
que entró a las listas de popularidad
del Reino Unido como número 1.

«Quiero darles las gracias de parte del grupo y también de parte mía. Espero que hayamos pasado la audición.»

John Lennon

«And in the end
the love you take
is equal to
the love you make.»*

«The End» (1969)

---

* «Y al final, / el amor que obtienes / es igual al / amor que haces.»

Colofón

Este libro fue impreso y terminado en la Ciudad de México
en el mes de junio de 2011, en Encuadernaciones Maguntis.
Se formó con las familias Adobe Caslon Pro, Frutiger y Tango BT.
Coordinación de la edición: María del Pilar Montes de Oca Sicilia
Arte editorial: Victoria García Jolly
Edición: Josué Vega López
Revisión: Francisco Masse
Diseño: Nayeli Alejandra Espinosa
Corrección: Fannie Emery Othón